Biologische Beobachtungen Band I

Gilbert Brands

Marchantia polymorpha

Das Brunnenlebermoos

Inhaltsverzeichnis

1. Morphologie der Pflanze..3
    1.1. Makroskopische Untersuchung...3
    1.2. Mikroskopischer Bau..6
2. Brutkörpervermehrung..10
    2.1. Entwicklung und Bau der Brutkörper..10
    2.2. Mikroskopie der Brutköperbildung...12
    2.3. Auskeimen zu einer neuen Pflanze...14
3. Geschlechtliche Fortpflanzung...22
    3.1. Allgemeines..22
    3.2. Männliche Organe, Antheridien..25
        3.2.1 Morphologie des Antheridiums..25
        3.2.2 Genese der Geschlechtszellen..27
    3.3. Weibliche Organe, Archegonium...30
        3.3.1 Entwicklung der Samenzelle..30
        3.3.2 Entwicklung der Sporenkapsel...33

1. MORPHOLOGIE DER PFLANZE

1.1. MAKROSKOPISCHE UNTERSUCHUNG

Marchantia polymorpha (*das Brunnenlebermoos*) ist vermutlich die bekanntes-te Art der recht urtümlichen und nur ca. 400 teilweise recht unterschiedliche Arten umfassenden der Klasse der Lebermoose (*Marchantopsida*). Das Brunnenlebermoos ist weltweit in allen Klimazonen verbreitet und wächst an dunkleren, feuchten und nährstoffreichen Standorten oft sehr üppig (*Name*), siedelt aber auch an anderen Standorten (*oft als Erstbesiedler*), wobei eine bestimmte Mindestfeuchte das limitie-rende Umwelteelement zu sein schient. Es gilt als schwermetallresistent und wächst

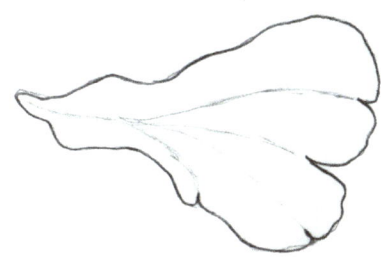

Abbildung 1: Thalluslappen mit Rippen und Scheitelzellen

Abbildung 2: Thalluslappen

auch an belasteten Standorten.

In Gewächshäusern überzieht es bald die Oberfläche gut gewässerter Blumen-töpfe und verdrängt alle anderen Gewächse, insbesondere andere Moose. Im Ex-tremfall verhindert es das Keimen und Austreiben der eigentlich anzuzüchtenden Pflanze. Hier lässt es sich am leichtesten für Studien wie diese beobachten und sam-meln.

Anfangs zeigt sich die Gegenwart des Mooses durch zarte, durchscheinende, dunkelgrüne Blättchen, die bald dicker und robuster werden (*siehe weiter unten*). Diese haben zunächst nur wenig Ähnlichkeit mit dem späteren voll entwickelten Blatt, sind aber bei zunehmendem Wachstum bald eindeutig als Lebermoos zu identifizieren. Vom Ursprung ausgehend (*Abbildung 2, Abbildung 1*) entwickeln sich symmetrisch oder auch nur einseitig wachsend unregelmäßige Lappen mit spitzen, unregelmäßig verteilten Einbuchtungen oder Einkerbungen, in denen Adern enden.

Abbildung 3: Blattoberfläche mit Felderung und Poren

Die Lappen können bis 2 cm breit und bis zu 8 cm lang werden.

Die Oberfläche der Blätter ist bereits bei makroskopischer Betrachtung in kleine, rundliche, oft hell gefärbte Felder mit Poren im Zentrum geteilt, die entlang der Adern, die vom Ursprung zu den Einkerbungen verlaufen, eine längliche Form annehmen und von breiteren dunklerem Zwischenräumen getrennt werden. Bereits bei schwacher Vergrößerung im Stereomikroskop erweisen sich die Felder als luftgefüllte Kammern mit einer zentral gelegene Pore, die dem Gasaustausch mit der Umgebung dient (*Abbildung 3*). Im zentralen Bereich der Adern werden keine Hohlräume mehr gebildet.

Bei Einkerbungen am Ende der Adern handelt es sich um die Vegetationspunkte der Pflanze, an denen das Wachstum stattfindet. Das Zellgewebe ist hier wenig spezialisiert und sondert nach beiden Seiten Zellen ab, die zu unteschiedlichen Typen von Blattzellen entwickeln (*Abbildung 5, Abbildung 4*). Die Blattspreite eilt dem Vegetationspunkt etwas voraus, der zum Teil nur nachgeschoben wird und die Ader bildet, was zu den rundlichen und länglichen Kammerformen führt.

Abbildung 4: doppelter Vegetationskegel, schematisch

Ältere Blätter haften meist recht fest am Untergrund. Ursache sind lange, wurzelartige, helle Fäden, die sich parallel (*aber nicht darauf*) zu den Adern an der Unterseite des Blattes entwickeln und bis zu 2 cm Länge erreichen können, also etwa die Breite des Blattes selbst (*Abbildung 7, Abbildung 6*), und mit dem Untergrund verwachsen. Die Adern entwickeln sich auf der deutlich derberen und strukturärmeren Unterseite zu dicken, gelblichen Leisten. Die Haftfäden bilden sich jedoch erst nach einiger Zeit, so dass die Blattenden beweglich bleiben und nach oben wachsen. Finden die Verankerungsfäden keinen Kontakt zum Boden (*beispielsweise an Steinen*), so wächst das Blatt an diesen Stellen steil nach oben (*teilweise einrollend*), während es sonst von den Ankerfäden flach auf den Untergrund gezogen und veran-

Abbildung 5: Wachstumskegel in einer Blattkerbe

kert wird. Das Fehlen des Bodenkontakts führt zur Bildung und Absonderung rundlicher Zellen an den Fäden, die sonst nicht zu beobachten sind.

Neben diesen nur der Verankerung dienenden Fäden ist die Unterseite noch von weiteren feinen Haaren bedeckt (*ca. 1/3 des Durchmessers der Verankerungsfäden*), die überall auf der Blattunterseite anzutreffen und wesentlich kürzer sind und nach Außen weisen. Diesen dienen der Nährstoffversorgung der Pflanze und über-

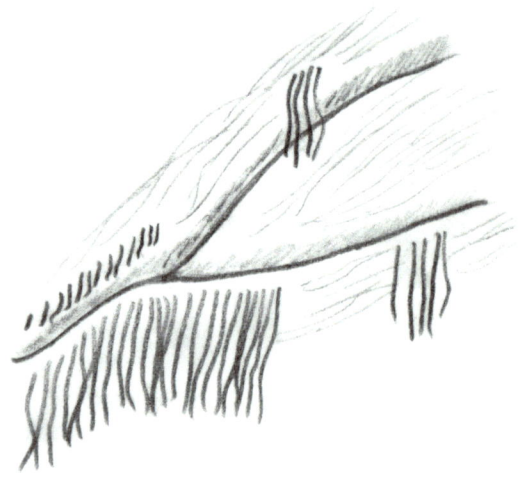

nehmen die Rolle der Wurzelhaare bei höheren Pflanzen.

Der Vegetationspunkt verdickt sich bei älteren, nicht mehr wachsenden Blättern an der Unterseite oft deutlich, wodurch sich auf der Oberseite ein manschettenartiger Lappen bildet, der keine chlorophyllhaltigen Zellen enthält und sich zur Unterseite umbiegt (*Abbildung 8*).

Abbildung 6: Haftfäden schematisch

1.2. MIKROSKOPISCHER BAU

Abbildung 7: Haftfasern auf der Blattunterseite

Abbildung 8: manschettenartige Lappenbildung bei hochwachsenden Thalli

Die Haare an der Blattunterseite bedürfen noch keiner besonderen Präparation und seien daher zuerst beschrieben. Die Verankerungshaare bestehen aus einzelnen langen Zellen (*Querwände wurden nicht beobachtet*) mit glatter Oberfläche und ohne innere Differenzierung. Die Zellkörper sterben nach der Verankerung im Substrat ab.

Die feinen Haare sehen bereits bei makroskopischer Betrachtung perlschnurartig aus und haben einen wellen- oder schraubenförmigen Feinbau mit relativ dünnwandigen Zellen, die ein lebhaftes Innenleben aufweisen (*Abbildung 9*) und miteinander durch Poren verbunden sind. Sie sorgen für die Aufnahme von Mineral- und sonstigen Nährstoffen aus der Umgebung. Da sie nicht in den Boden eindringen, benötigt die Pflanze ein Mindestmaß an Feuchtigkeit oder Nässe, um die Nährstoffe an die Haare zu spülen. Eine entwickelte Pflanze kann zwar auch Trockenheit recht gut überstehen, wächst jedoch dann nicht. Hier liegt die Erklärung für die Feuchtigkeit als limitierenden Faktor.

Das Blatt einer kräftigen Pflanze weist eine Dicke von ca. 0,4 mm auf, wobei nur die äußeren Schichten chlorophyllhaltiges Assimilationsgewebe enthalten, während der Rest auf ein farbloses, recht derb aussehendes Speichergewebe entfällt (*Abbildung 10*). Die Blattunterseite wird von kleinen stabilen Zellen mit verstärkte Kutikula gebildet, die auch einen rötlichen Farbton annehmen können. Durch die derbe Kutikula ist das Blatt recht unanfällig gegen Trockenheit und andere Umwelteinflüsse. Die bereits beschriebene Blattader oder Blattrippe ist keine Ader im Sinn der höheren Pflanzen mit Leitgewebe, sondern besteht ebenfalls nur aus Speichergewebe, das sich durch Fehlen chlorophyllhaltiger Zellen, der Kammern und verstärktes Di-

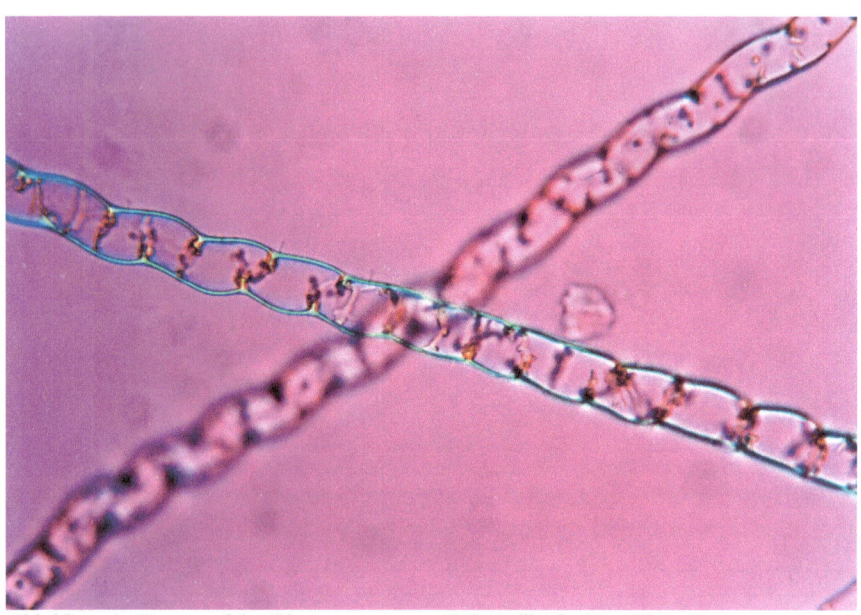

Abbildung 9: Haare auf der Blatunterseite zur Nährstoffaufnahme (?)

ckenwachstum von der Blattfläche unterscheidet und lediglich optische die Rolle einer Blattader einnimmt.

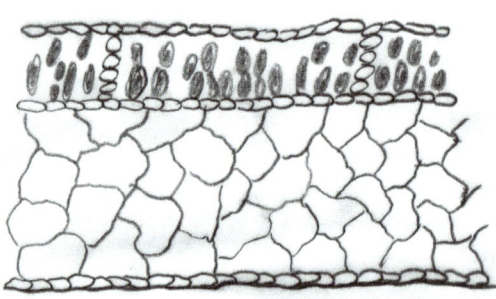

Abbildung 10: Blattquerschnitt mit Schwammgewebe und Assimilationskammern

Zur Oberseite endet das Speichergewebe in einer einlagigen Zellschicht, über der abgeschlossene Kammern mit lockerem Assimilationsgewebe liegen. Jede Kammer besitzt eine einzelne, relativ große Pore (*Kammergröße ca. 330*1.000 μm, Pore ca. 100 μm*), die aus eine Ring von vier Zelllagen besteht (*Abbildung 10, Abbildung 31 S. 19*). Die unterste Zelllage ist beweglich und kann die Pore im Bedarfsfall weitgehend zu schließen. Die Felderung/Kammerung erlaubt einerseits einen guten Kontakt des Assimilationsgewebes

Abbildung 12: Junges Brutbecherstadium, Öffnen des Bechers

Abbildung 11: Brutbecher mit aufgewölbtem Rand und austretenden Brutkörpern

mit der Umgebungsluft, beschränkt andererseits aber auch Verletzungen der Pflanze auf wenige Kammern.

2. BRUTKÖRPERVERMEHRUNG

Die Pflanze verfolgt zwei Vermehrungsstrategien, die im folgenden eingehender untersucht werden:

- die ungeschlechtliche Vermehrung durch Brutkörper und

- die geschlechtliche Vermehrung durch Sporenbildung.

Die Brutkörpervermehrung tritt unter günstigen Umweltbedingungen schon bald nach Auswachsen der ersten Blätter ein und ermöglicht eine schnellen Besiedlung des Habitats in der Nähe der Mutterpflanze durch weitere Pflanzen, bevor konkurrierende Arten den Standort besetzen können. Die Brutkörper sind relativ groß und migrieren daher nicht sehr weit, wachsen aber schnell zu neuen Pflanzen aus.

Abbildung 13: Brutbecher, schematisch

Die geschlechtliche Vermehrung setzt erst nach längerer Zeit ein, wenn die Pflanzen ausgewachsen sind, oft auch dann erst bei schlechter werdenden Standardortverhältnissen, hält dann aber meist lange an. Wie bei allen Moosen erfordert die geschlechtliche Fortpflanzung eine räumliche Nähe der Pflanzen. Die genetische Nähe der Pflanzen untereinander an einem Standort scheint wenig hinderlich zu sein. Die kleinen Sporen werden mit dem Wind verbreitet und diesen der weiträumigen Ausbreitung der Art.

2.1. ENTWICKLUNG UND BAU DER BRUTKÖRPER

Unter günstigen Bedingungen entwickeln sich in den Achseln der Verzweigungspunkte auf den Blättern flache Hügel, auf deren Spitze sich eine große runde Öffnung mit nach Innen stehenden Dörnchen bildet. Der Öffnungsrand wölbt sich bald trichterförmig auf und die Dörnchen bilden einen gezähnten Rand (*Abbildung*

Abbildung 14: Brutbecher, angeschnitten

12, S. 9, Abbildung 11, Abbildung 13), so dass der Eindruck eines kleinen Krönchens entsteht. Ein Brutbecher ist gebildet.

Die Becher werden relativ groß. Ihre Außenwand ist Teil der der Blattoberfläche, d.h. es bilden sich auch hier Kammern mit Assimilationsgewebe. Innen ist der Becher mit dem gleichen Speichergewwebe ausgekleidet, das auch das Zentrum der Blätter bildet (*Abbildung 15*). Der Ursprung der Becher ist daher im Speichergewebe zu suchen und nicht in einer sich anders entwickelnden Assimilationskammer. Etwa in der Hälfte der Kammertiefe bildet sich ein Gewebewulst aus, der den Becher etwa zur Hälfte verschließt und den Bechergrund gegen Umwelteinflüsse abschirmt.

Der Bechergrund ist zusätzlich mit einer gelartigen Substanz gefüllt, in der die Brutkörper ihren Anfang nehmen. (*Abbildung 14*).

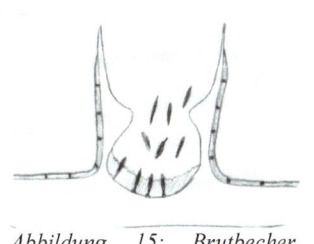

Abbildung 15: Brutbecher, schematisch

Die Brutkörper wachsen innerhalb der Kammer zu größeren, untereinander nicht verbundenen Gebilden heran. Anfangs ist durch einen kurzen Stiel eine Nährverbindung zur Mutterpflanze vorhanden, die aber bald gekappt wird (*Nabel/Narbe in Abbildung 16, Abbildung 17*). Durch die Nachfolger werden die reifen Brutkörper schließlich nach oben aus dem Becher herausgedrückt und bei ausreichender Feuchtigkeit von der Pflanze gespült. In der stärksten Bildungsphase rollen stets einige Brutkörper über den Rand aus dem übervollen Becher.

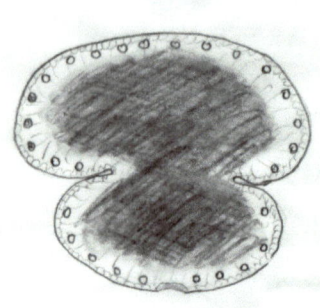

Abbildung 16: Brutkörper mit Öl-
körpern

Die Brutkörper bestehen aus zwei verwachse-
nen, unterschiedlich großen Linsen aus chloro-
phyllhaltigem Gewebe und sind im Vergleich zur
Mutterpflanze sehr zart gebaut. Sie können sich
daher nach Verlassen der Mutterpflanze sofort zu
einer neuen Pflanze entwickeln, ohne sich erst aus
einer widerstandsfähigen Form in eine Keimform
umwandeln zu müssen. Im Gegenzug funktioniert
die Strategie nur unter guten Umweltbedingungen.

2.2. Mikroskopie der Brutköperbildung

Die Brutkörper entwickeln sich mit der Kante nach oben zeigend in den Brutbe-

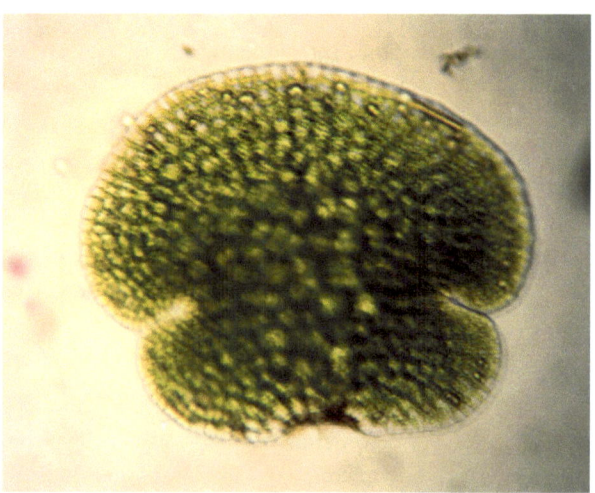

Abbildung 17: Brutkörper

chern und heben sich aufgrund ihrer chlorophyllhaltigen Zellen von dem Bildungs-
gewebe deutlich ab. Am Rande der Brutkörper finden sich perlschnurartig aufgereiht
Ölkörper, die beim späteren Anwachsen die Ernährung der Pflanze übernehmen, bis
diese Nährstoffe aus der Umgebung aufzunehmen vermag. Der Anheftungspunkt an
den Grund des Brutbechers liegt mittig am Rand der kleineren Linse und ist auch
nach Abscheiden des fertigen Brutkörpers noch deutlich zu erkennen (*Abbildung*

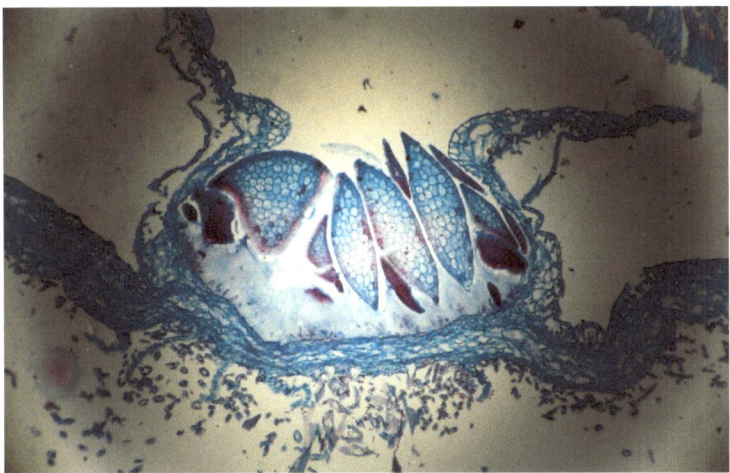

Abbildung 18: Brutbecher mit Gelpfropf

16, Abbildung 17). Die Einschürung zwischen den beiden Linsen liegt parallel zum Bechergrund in der unteren Hälfte des Brutkörpers.

Die Dicke der fertig ausgebildeten Brutkörper liegt bei 3-4 Zelllagen. Das Gewebe ist relativ einheitlich und nur sehr schwach über die Zellgröße in Kutikula und Innengewebe differenziert (*Abbildung 18*). Die Bildung der Brutkörper erfolgt durch schlegelartige Zellen, die sich am Grund des Bechers entwickeln (*Fehler: Referenz nicht gefunden*). Der Bechergrund besteht ansonsten aus Lagen stark verschlungener länglicher Zellen. Die Anheftung an den Becherboden erfolgt nur durch eine einzelne Zelle, die aber bereits vor der Reife des Brutkörpers abstirbt und ihn als Haltemembran im Becher festhält (*Abbildung 19*). Das Brutkörpergewebe wird auf diese Weise relativ früh von der Mutterpflanze getrennt und über das den Becher füllende Gel mit Nährstoffen versorgt. Die Zellgröße der Brutkörper nimmt im Laufe der Entwicklung zu (*Abbildung 18*).

Die Brutgallerte scheint auch für andere Organismen einen Lebensraum zu bieten. In ihr wurden kleine Organismen gefunden, bei denen es sich vermutlich um Algen handelt, die jedoch nicht in großer Zahl vorkommen und offenbar unschädlich für die Pflanze sind (*Abbildung 21*). Die tonnenförmigen Zellen sind zu glatten, unverzweigten Fäden ohne Bildung von Scheiden oder Schleimhüllen vereinigt. Die Höhe der Zellen beträgt ca. 2,5 μm, die Höhe ca. 4 μm. Die Zellen sind manchmal im Inneren nochmals unterteilt, wobei es sich aber nicht um echte Zellwände handelt. Die mit Safranin stark anfärbbaren Strukturen im Inneren sind keine echten Zellkerne (*Abbildung 22*). Die an der Wachstumsspitze leicht verjüngten Fäden zerbrechen

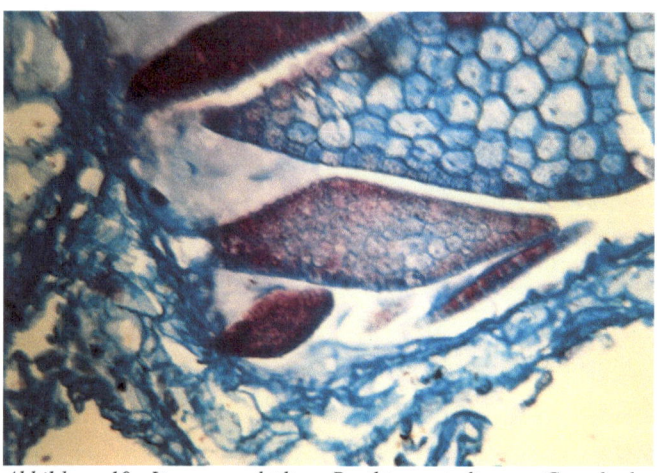

Abbildung 19: Jüngere und ältere Brutkörperstadien am Grunde des Bechers

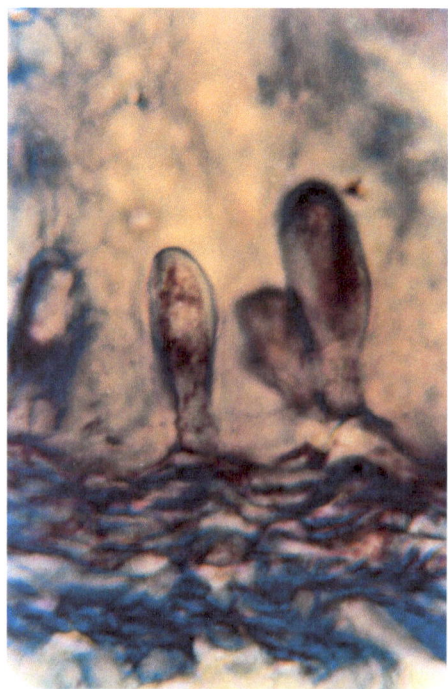

Abbildung 20: Schlegelzellen

recht leicht in einzelne Zellen. Eine taxonomische Untersuchung deutet auf Blaualgen hin (*Oszillatoria agardhii* GOMONT, *Nostocales, Oszillatoriaceae*).

2.3. AUSKEIMEN ZU EINER NEUEN PFLANZE

Die Brutkörper werden in erstaunlich großer Anzahl gebildet. Sobald günstige (= *feuchte und nährstoffhaltige*) Umgebungen gefunden werden, wachsen aus ihnen schnell neue Pflanzen heran, wobei die Einschnürung zwischen den Linsen die Rolle der Wachstumszonen übernimmt. Zunächst verlieren einige Zellen der Unterseite ihre Chloroplasten und beginnen, in die Länge zu wachsen. Dies ist zufallsgesteuert, da die

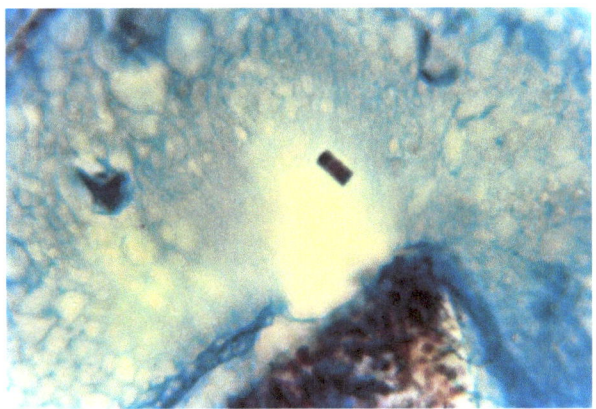

Abbildung 21: Algenzelle im Gelpfropfen

reifen Brutkörper noch keinerlei Unterscheidung in eine Ober- und eine Unterseite erlauben, wenn sie den Brutbecher verlassen. Durch die Streckung entstehen die ersten glatten Verankerungshaare, die die junge Pflanze außerordentlich fest im Unter-grund verankern. Aufgrund der Zartheit der Pflanze zu diesem Zeitpunkt und der i.A. Nassen Umgebung ist eine schnelle Verankerung wichtig für das Überleben (*Abbildung 23*).

Abbildung 22: Algenfäden mit inneren Dif-ferenzierungen

Das Blatt beginnt nach der Veranke-rung, in Richtung der Einkerbungen zu wachsen, und streckt sich entlang dieser Achse, wobei die beiden Halblappen an der Einkerbung immer stärker überlappen. Die Größe der Zellen nimmt dabei ebenso zu wie die Zahl der in diesem Bereich anzu-treffenden Ölkörper (*Abbildung 23, Abbildung 24*). Alle Zellen außer den zuvor dis-kutierten Wurzelhaaren besitzen zu diesem Zeitpunkt noch ihre Chloroplasten.

In der weiteren Entwicklung verlieren einige Zellen im Inneren des Verbandes nach und nach ihre Chloroplasten und strecken sich. Es bilden sich die ersten Zellen des Nährgewebes im Blattinneren, die entlang der Wachstumsachse zwischen den Einkerbungen einen Strang bilden, der bald auf der Unterseite des Blattes einen Wulst bildet. Entlang der damit gebildeten Blattader werden weiterhin neue Veran-kerungsfäden abgesondert. Auf der Oberseite des Blattes werden die Zellen kleiner und glatter, behalten jedoch einstweilen noch ihre Chloroplasten.

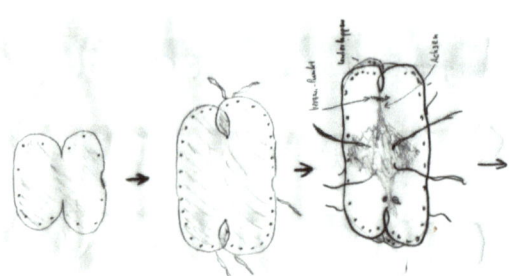

Abbildung 23: Entwicklungsstadien der neuen Pflanze

In der nächsten Phase beginnen die Zellen der Wachstumsachsen, sich gegenüber den anderen Zellen der oberflächennahen Schichten zu strecken. Außerdem bilden sich die ersten Verzweigungen der Wachstumsachsen und lassen weitere Blätter entstehen. An den extrazellulären Öltropfen der Wachstumsachsen kommt es zu Überwucherungen der Oberfläche: einzelne Zellgruppen heben sich turmartig über die Blattebene hinaus und bilden damit die ersten Stufen späterer Brutbecher aus.[1] Deren Ausbildung erfolgt jedoch erst später. Um die Einkerbungen bilden sich ringförmige Wachstumszonen mit mehr oder weniger quadratischen Zellen (*Abbildung 25, Abbildung 26, Abbildung 28*).

Bei zunehmender Unterfütterung der Oberseite mit Nährzellen bilden sich die ersten Urporen der späteren Assimilationskammern aus. Hierbei bilden vier Zellen einen Ring, der ebenfalls etwas über die Blattebene hinausragt und eine oben engere,

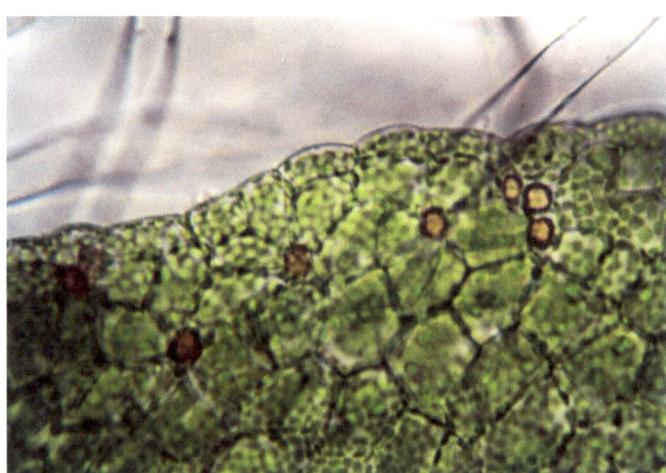

Abbildung 24: Ölkörper am Rande des Brutkörpers

unten weitere Öffnung aufweist. Die Zellen verlieren ihre Chloroplasten und heben sich dadurch mitsamt des von ihnen gebildeten Kanals deutlich vom übrigen Gewebe

---

1 Nicht der Assimilationskammern! Die entstehen auf eine andere Weise.

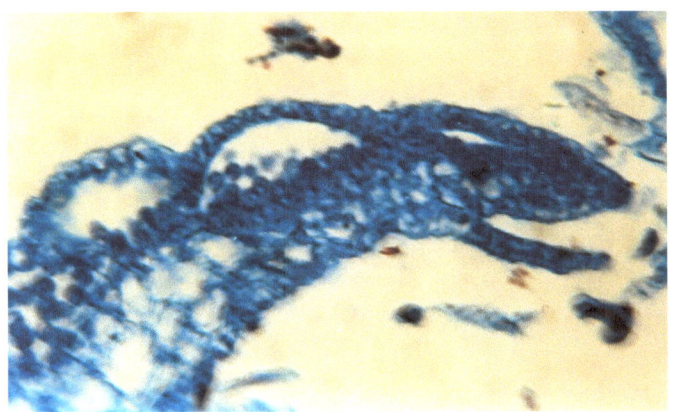

Abbildung 25: Erste Kammerbildung am Blattrand

ab. Unterhalb der Urporen bilden sich innerhalb des Gewebes kleine kugelige Zellen mit hohem Chloroplastengehalt, das Urassimilationsgewebe (*Abbildung 29, Abbildung 30, Abbildung 27*). Im weiteren Verlauf der Entwicklung erweitern sich die Räume unter den Urporen zu den oben beschriebenen Assimilationskammern (*einschließlich der oberen und der unteren Schutzzelllage*), die Urassimilationszellen zum Assimilationsgewebe; die übrigen Zellen werden zu Nährzellen und verlieren ihre Chloroplasten.

Abbildung 26: Wachstumszone

Durch die mehr oder weniger regelmäßige Bildung der Urporen entsteht das typische Felderungsmuster des Blattes, das sich im Laufe der Zeit über die gesamte Fläche ausbreitet. Die Regelmäßigkeit der Felder entsteht durch chemische Signale der Urporenzellen: rund um die Pore wird die Bildung einer Luftkammer angeregt und die Bildung weiterer Poren verhindert. In größerem Abstand löst das Signal die Bildung neuer Poren aus, so dass sich das Muster gleichmäßig über die Pflanze ausbreiten kann.

Abbildung 30 zeigt den Aufbau jungen, aber bereits fertig ausdifferenzierten Pore über einer noch kleinen Assimilationskammer. Die dreilagigen kleinen Zellen im oberen Teil sind in der Lage, die Pore bei schlechten Umweltbedingungen zu verschließen, um das noch empfindliche und im Wachstum befindliche Assimilationsgewebe zu schützen.

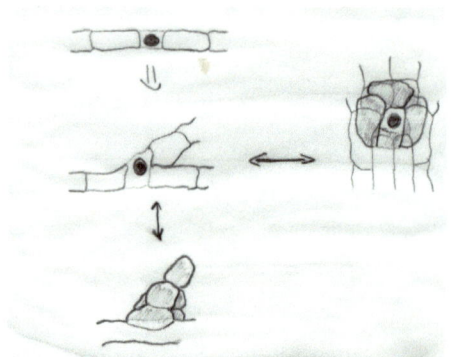

Abbildung 28: Verzweigung am Ölkörper

Abbildung 29: Urpore

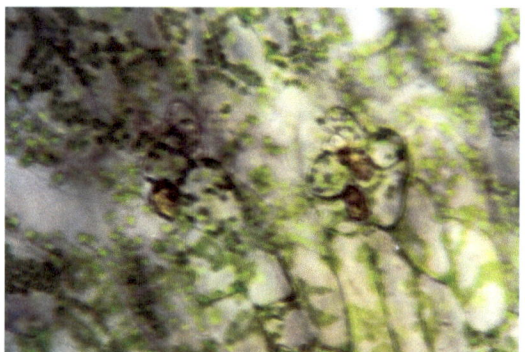

Abbildung 30: Verzweigungspunkt

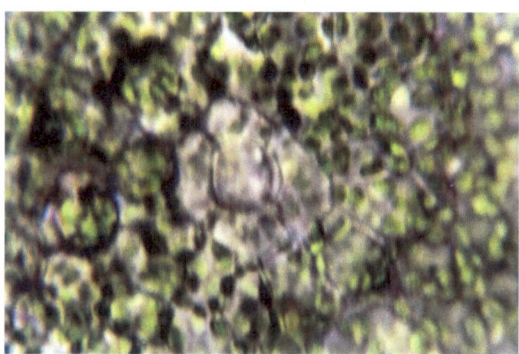

Abbildung 27: Urpore

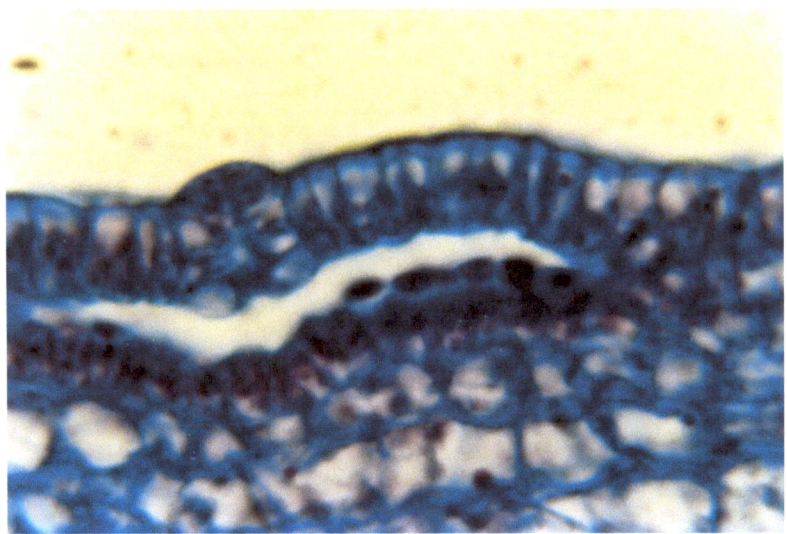

Abbildung 31: voll entwickelte Kammerpore

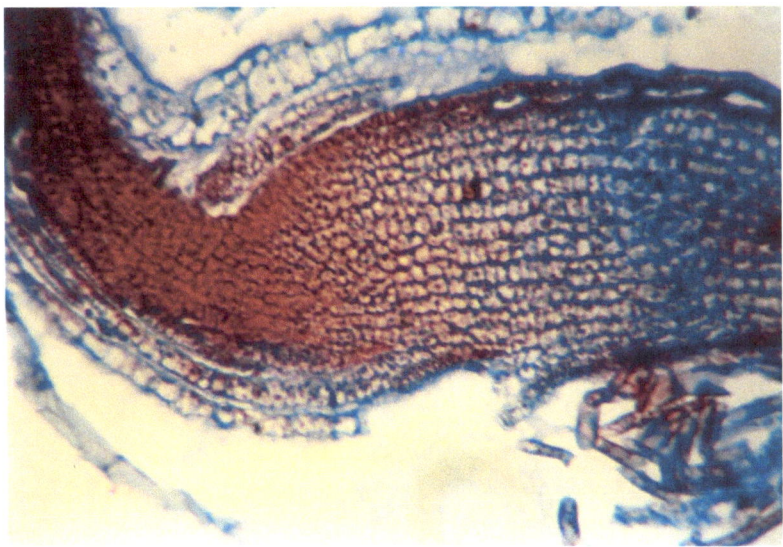

Abbildung 32: Wachstumszone mit Assimulationskammern

In späteren Phasen bei weitgehend ausdifferenzierten Blättern findet die Kammerbildung vorzugsweise am Blattrand nach einem anderen Mechanismus statt. Die Scheitelzelle des Blattrandes differenziert sich zu einem dreilagigen Zellverband aus kleinen Zellen. Zwischen den beiden oberen Lagen bildet sich ein Spalt aus. Auf der Unterseite wandert später eine weitere Zelllage ein, die sich zum Nährgewebe differenziert. Vom Spaltboden werden kleine lockere Zellverbände abgestoßen, die sich

Abbildung 33: Brutbecher und austretende Brutkörper

zum Assimilationsgewebe entwickeln (*Abbildung 32*).

In der Jugendphase der Pflanze besitzen noch alle Zellen der Ober- und Unterseite Chloroplasten. Während die Zellen auf der Oberseite klein und chloroplastenhaltig bleiben, verlieren die Zellen der Blattunterseite unter starker Volumenzunahme ihre Chloroplasten. In dieser Phase ist das Überleben der Pflanze weiterhin von hoher Feuchtigkeit abhängig, da die empfindlichen Zellgruppen noch nicht von einer derben Kutikula geschützt werden. Dies bildet sich erst aus, wenn die Grundkomponenten des Blattes alle vorhanden sind.

Damit ist der Zyklus der ungeschlechtlichen Fortpflanzung geschlossen. Die Pflanze vermag so, in feuchten Zeiten schnell größere Areale in der Nähe der Mutterpflanze zu besiedeln. Bei schlechter werdenden Lebensbedingungen vermag die Pflanze aber auch gut Trockenheit zu überstehen. Selbst ausgetrocknet wirkende Pflanzen beleben sich bei Feuchtigkeitszufuhr wieder.

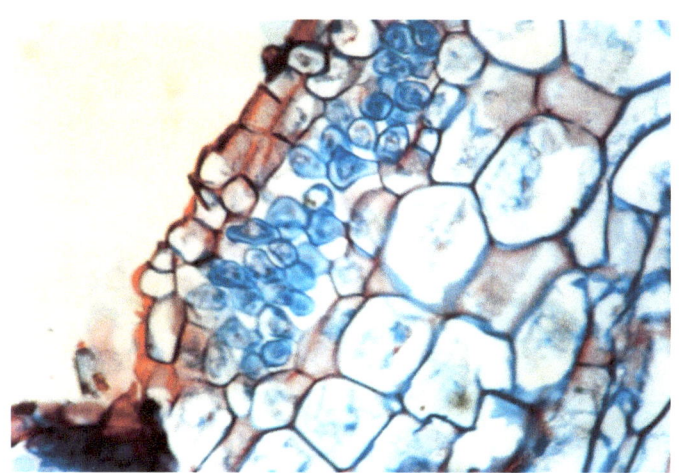

Abbildung 34: Assimulationskammer

3. GESCHLECHTLICHE FORTPFLANZUNG

3.1. ALLGEMEINES

Abbildung 35: Männlicher Fruchstand und Vorstadium (Pfeil)

Die Vermehrung durch Brutkörper ist zwar sehr effektiv, aber aufgrund der Größe der Brutkörper nur für die nähere Umgebung der Mutterpflanze geeignet. Als zweites Standbein der Vermehrung nutzt die Pflanze die geschlechtliche Fortpflanzung, wobei wie bei allen Moos- und Farnpflanzen kleine, durch Luftströmungen leicht zu verbreitende Sporen gebildet werden. Die Sporen sind verantwortlich für das schnelle Auftauchen der Art an neuen Standorten.

Die Sporenbildung ist an bestimmte Umweltbedingungen gebunden und verläuft daher oft mit einer Kopplung an die Jahreszeiten (*Brutkörper werden ganzjährig freigesetzt*). Die geschlechtlichen Vorgänge sind an feuchte Bedingungen geknüpft und erfolgen daher meist im ausgehenden Winter oder beginnenden Frühling, die Sporenausstreuung erfolgt effektiv nur bei Trockenheit und erfolgt daher vorzugsweise im Sommer. Dazwischen wird i.d.R. für längere Zeit eine Pause eingelegt. Diese Kopplung ist aber kein Muss. An günstigen Standorten kann auch die Sporenbildung ganzjährig erfolgen, wie die ebenfalls ganzjährig zu beobachtende schnelle Ansiedlung an beliebigen Standorten beweist.

Die Pflanzen bilden zwei unterschiedlich gestaltete Organe aus:

a) Langstielige, an speichenförmige Schirmgeripp erinnernde Organe, die als weiblich identifiziert werden können (*Archegonienträger*), und

b) etwas kürzerstielige, mit einem flachen, scheibenförmigen Schirm ausge-
   stattete Organe, die die männlichen Organe enthalten (*Antheridien*).

An einer Pflanze tritt jeweils nur eine Organform auf, d.h. die Pflanzen sind

Abbildung 36: weibliche Fruchtstände

zweihäusig. Das Geschlecht wird genetisch bestimmt. Die Lebermoose sind wie alle
Moose in der vegetativen Form haploid, und welches Geschlecht bei der Frucht-

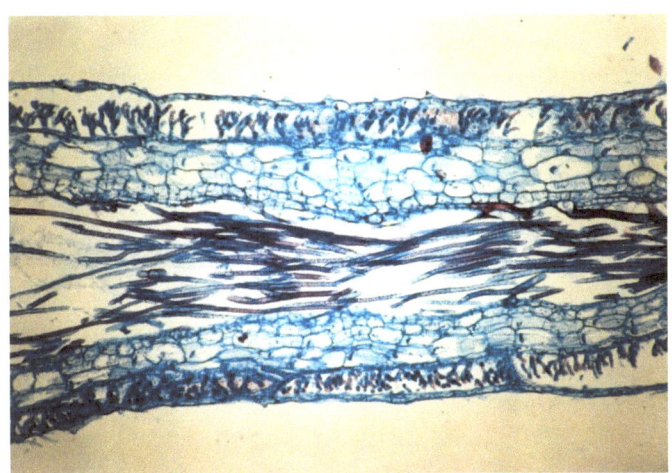

Abbildung 37: Längsschit durch den Stiel eines Fruchtträgers

standbildung ausgebildet wird, hängt von der Aufteilung der Geschlechtschromosomen ab. Bei der Befruchtung entsteht die diploide Fortpflanzungsform, deren Aufgae die Sporenbildung ist und die ernährungstechnisch vollständig von der vegetativen Form abhängt. Der Übergang zur haploiden Form (*Meiose*) findet während der Sporenteilung statt.

Da die Pflanzen sehr eng wachsen, tritt in der Regel trotzdem eine gute Durch-

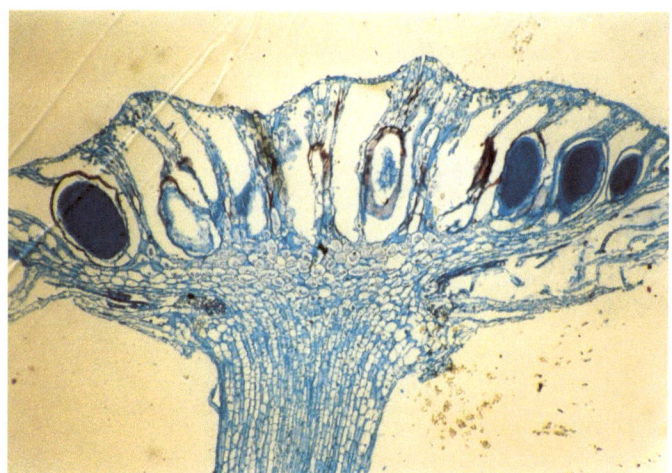

Abbildung 38: Schnitt durch ein Antheridium

mischung der unterschiedlichen Geschlechtsorgane auf, so dass eine Befruchtung sichergestellt wird. Es können jedoch auch in etwas isolierten Standorten Organe von nur einer Sorte beobachtet werden. Hier ist die Mutterpflanze aus einer Spore entstanden und hat sich später durch Brutkörper über das gesamte Substrat verteilt. Die aus Brutkörpern gebildeten Pfanzen haben natürlich alle das gleiche Geschlecht (*die Beobachtung ist auch als Belegg für die Geschlechtsfestlegung über Chromosomen zu werten*).

Die Entwicklung der Fruchtstände beginnt mit der Bildung kleiner Knötchen an den Enden der Wachstumsachsen, also dort, wo auch die Brutkörper entstehen (*Abbildung 35*). Männliche und weibliche Organe unterscheiden sich schon sehr früh morphologisch vorneinander. Männliche Fruchtstände sind als kleine Scheibchen ausgebildet, während die weiblichen Organe schon recht früh eine Rippung aufweisen. Die Knötchen unterscheiden sich auch in frühen Stadien von den Brutbechern durch die kompakte Form und einen Hof, der das Organ umgibt.

Im Weiteren wächst das Knötchen am Ende eines Stiels nach oben. Der Stiel entsteht durch eine Einstülpung der Blattunterseite nach oben und starke Verlängerung dieser Einstülpung. Es entsteht schließlich ein rohrartiges Blattgewebe, das außen normales Assimilationsgeweben mit Kammer aufweist, im Inneren ein dichtes Haargeflecht der feineren Haarart (*Abbildung 37*).

3.2. MÄNNLICHE ORGANE, ANTHERIDIEN

3.2.1 MORPHOLOGIE DES ANTHERIDIUMS

Die männlichen Organe entstehen in der Regel zeitlich vor den weiblichen. Der Knoten wächst zu einem straffen Schirm mit ebener Oberfläche aus, der aus mehreren, in der Regel acht Lappen zusammengesetzt ist.

Das Schirmchen ist mechanisch sehr stabil geformt und enthält folgende Gewebeteile:

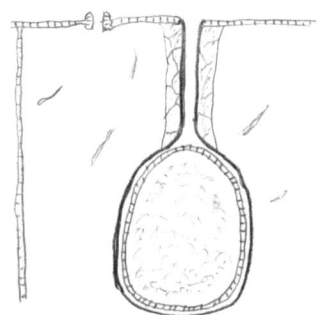

a) Auf dem Stiel bildet sich eine mehrlagige Grundfläche aus Speichergewebe, die zum Rand hin an Dicke abnimmt.

b) Vom Zentralkanal des Schirms laufen einzelne Kanäle speichenförmig in den Schirm hinein und bilden flache Kammern. Sie enthalten feine Wurzelhaare, die bei Feuchtigkeit vermutlich Wasser aufnehmen und so den Schirm elastisch versteifen.

Abbildung 39: Luftkammern und Samenzellen

c) Auf der Oberseite vergrößern sich die Assimilationskammern sehr stark, wobei die Zahl der Photosynthesezellen stark abnimmt. Die Kammern bilden dadurch große Luftsäcke. Die Porenöffnungen werden massiver und verschließbar. Die Schirmoberfläche erhält durch diese Differenzierung ein anderes Aussehen als die Blätter.

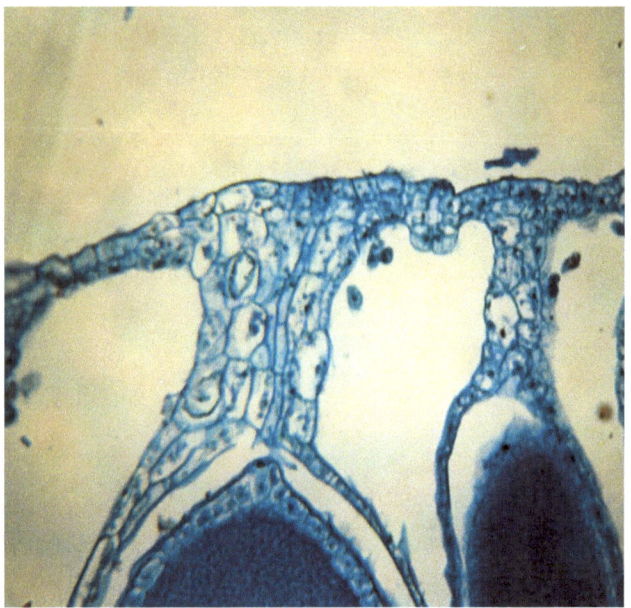

Abbildung 40: Ausgangskanal der Samenkammer

d) Zwischen den Luftkammern bilden sich Kammern eines anderen Typs, die die männlichen Geschlechtszellen enthalten. Sie sind vollständig von den Luftkammern umgeben und nur durch einen langen schmalen Kanal, der keinen Verschluss besitzt, mit der Schirmoberfläche verbunden.

Die Luftkammeranlage dient als Druckverstärker für die Freisetzung der männlichen Geschlechtszellen. Die Funktion kann folgendermaßen beschrieben werden:

> Bei Trockenheit füllen sich die Kammern zunächst mit Luft, das Schirmchen wird so weit wie möglich aufgespannt.

> Bei einsetzender Feuchtigkeit schließen sich die Poren der Luftkammern, die mit Wurzelhaaren gefüllten Kammern quellen und versteifen das Schirmchen.

> Bei Regen auf den Schirm fallende Wassertropfen komprimieren die Luftkammern. Durch den hierdurch ausgeübten Druck auf die Kammern mit den Geschlechtszellen werden diese durch den engen Austrittskanal gepresst und mit hoher Geschwindigkeit hinausgeschleudert.

Die männlichen Zellen bilden auf der Oberfläche eine milchige Flüssigkeit. Die weiblichen Organe sind entsprechend dieses Druckschleudermechanismus in der Regel etwas langstieliger, so dass die männlichen Zellen von unten gegen die Ge-

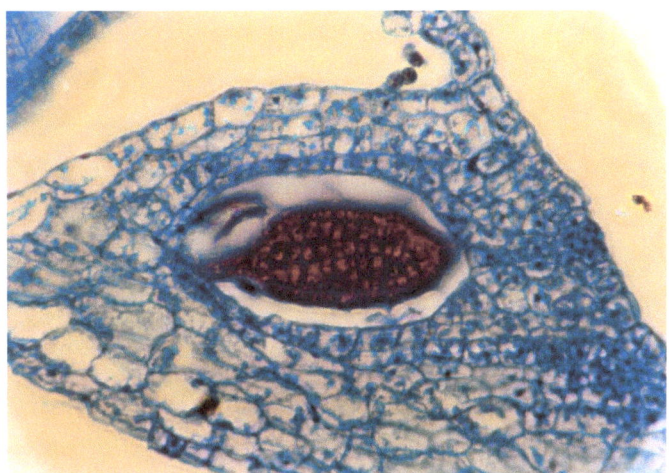

Abbildung 41: Frühes Stadium der Gametenbildung

schlechtsöffnungen der weiblichen Pflanzen geschleudert werden.

Die Bildung der Kammern verläuft über einen längeren Zeitraum, wobei sich am Rand des Schirmchens immer wieder neue Kammern bilden. Die Pflanze ist so über einen längeren Zeitraum hinweg zeugungsfähig, wodurch problemlos auch „Schlechtwetterphasen" im Sinne der Vermehrung überbrückt werden können.

3.2.2 GENESE DER GESCHLECHTSZELLEN

Die Bildung der Geschlechtszellen ist ein aufwändiges Geschäft, weshalb die Bildung der Geschlechtskammern früher einsetzt als die der Luftkammern. Der Verlauf der Kammerbildung erinnert an die Bildung der Brutkörper: es entwickelt sich zunächst eine offene Kammer mit gelartiger Füllung. Der Austrittskanal wird dabei ebenfalls schon angelegt, bleibt aber noch geschlossen. Die Kammerwände besitzen gegenüber dem umliegenden Gewebe kleinere, stärker differenzierte Zellen.

Vom Grunde der Kammer ragt bald ein köpfenartiger, regelmäßig aufgebauter Zellverband auf einem kleinen Stielchen in die Kammer vor. Das Stielchen besitzt eine Basis aus einer einzigen Zelle (*vergleiche Brutkörper*) und ist ca. 2-3 Zellen

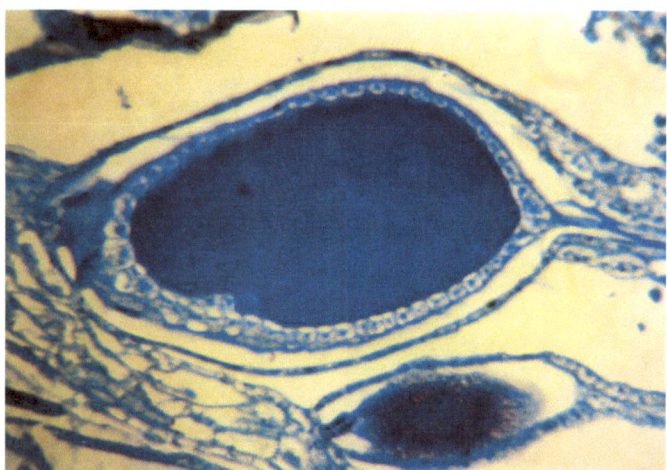

Abbildung 42: Mittleres Stadium der Gametenbildung

hoch (*Abbildung 41*). Stielchen und Köpfen bestehen aus einheitlichen, von den Zellen des Blattes leicht unterscheidbaren Zellen.

Beim weiteren Wachstum teilen sich die Zellen im Köpfchen schneller, als dieses wächst, so dass eine starke Volumenkontraktion der einzelnen Zellen stattfindet (*Abbildung 42*). Die Zellen des Stielchens verkümmern zu einem leeren Träger.

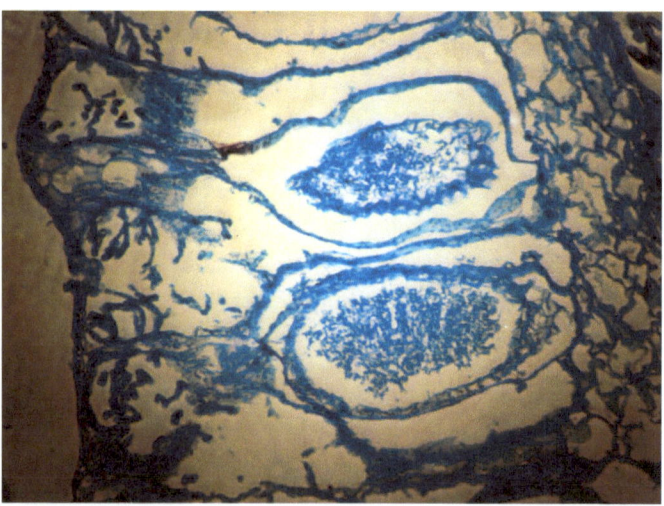

Abbildung 43: Reife Gametenkammern

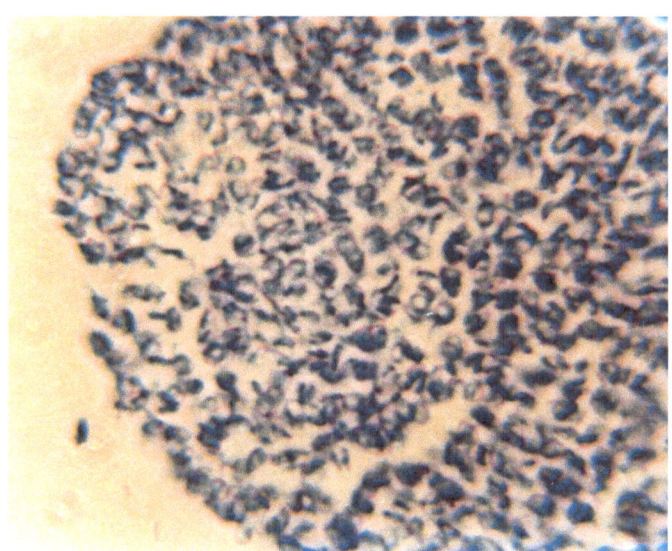

Abbildung 44: Gameten in stärkerer Vergößerung

Schließlich wird die Kammer schließlich vollständig von Zellgewebe gefüllt, die gelartige Füllung verschwindet. Die Wandzellen der Kammer verändern ebenfalls ihre Struktur und schließen das Köpfchen schließlich epithelartig ein. Zwischen den Zellverbänden bildet sich eine Membran, die auch den sich nun langsam öffnenden Austrittskanal auskleidet. Die Zellen des Köpfchen bestehen aufgrund der starken Volumenabnahme weitgehend aus Kernmaterial (*Abbildung 44, Abbildung 45*).

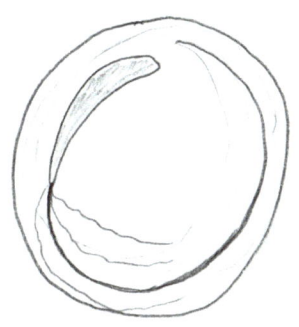

Abbildung 45: Gamet in Hülle

Der Zellverband zerfällt allmählich in einzelne Geschlechtszellen, bleibt aber dabei von einer weiteren Membran umhüllt, die vorzeitigen Austritt der Geschlechtszellen verhindert. Bei genügend hohem Druck platzt schließlich die innere Membran und gibt die Geschlechtszellen frei, die nun durch den mit der äußeren Membran ausgekleideten Kanal ausgepresst werden und eine milchige Flüssigkeit auf dem Schirmchen bilden.

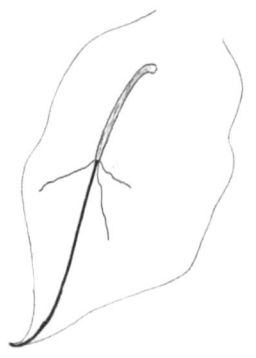

Abbildung 46: Frei beweglicher Gamet

Die Geschlechtszellen sind einzeln nochmals durch eine Membran – vermutlich die ehemalige Zellwand – verpackt. Innerhalb dieser Verpackung erscheint die Geschlechtszelle als aufgedrehtes Fadenknäuel mit deutlich erkennbaren verdicktem Kopf. Beim Verlassen des Kanals platzt diese Hülle bei Kontakt mit Wasser auf (*dies findet nur bei Kontakt mit Wasser statt; sonst bleibt die Hülle intakt*) und entlässt die bewegliche Geschlechtszelle. Diese ähnelt einem Geißeltierchen: an einem kommaförmigen Kopf sitzt ein langer, wenig beweglicher Schwanz. An der Übergangsstelle zwischen Kopf und Schwanz befinden sich drei Geißeln. Am Ende des Schwanzes befinden sich zwei weitere Geißeln, die länger als Kopf und Schwanz zusammen sind und über den Kopf hinwegragen. Mit Hilfe dieser Geißeln bewegt sich die Zelle aktiv vorwärts und sucht ihren Weg zur weiblichen Geschlechtszelle.

Bei dieser gesamten Entwicklung spielen sich nur normale Zellteilungen (*Mitosen*) ab, da die vegetative Pflanze, die die Trägerorgane und die Samenzellen aufbildet, haploid ist.

3.3. WEIBLICHE ORGANE, ARCHEGONIUM

3.3.1 ENTWICKLUNG DER SAMENZELLE

Die weiblichen Fruchtstände besitzen eine andere Form als die männlichen: an der Spitze eines Stiels spreizen 12 Speichen ähnlich dem Gerüst eines Regenschirms ab, unter denen die weiblichen Samenanlagen hängen. Die weiblichen Organe erscheinen später als die männlichen und besitzen einen längeren Stiel als die männlichen. Für die Befruchtung ist Regen notwendig, der die männlichen Gameten von ihren straff gespannten Schirmchen gegen die weiblichen Fruchtträgers spritzen lässt.

Die Speichen sind eingerollte Blattorgane. Am ihrer Unterseite besitzen sie eine offene Naht, im Inneren befinden sich Wurzelhaare, die durch Aufnahme von Wasser

und Quellen zu einem Aufspannen des Speichengerüstes beitragen. Das Speichenge-
rüst bricht die Kraft zu großer Regentropfen, so dass die männlichen Gameten nicht
weggespült werden, hält aber andererseits Wassertropfen fest, so dass eine Befruchtung möglich wird.

Die weiblichen Samenanlagen liegen in speziellen Taschen unter den Speichen.
Entlang der Naht in der Nähe des Stiels verlängert sich der Rand des Speicherblattes

Abbildung 47: Weiblicher Fruchtstand von unten

zu einer zarten Hülle, die schließlich eine größere Tasche bildet. In ihrem Inneren
entwickeln sich mehrere weibliche Samenanlagen. Hierbei wird am Grunde der Tasche ein Becher aus kleinen Zellen gebildet, in dem sich ein Zellklumpen, der deutlich vom übrigen Gewebe unterscheidbar ist und zu diesem auch einen Zwischen-
raum ausbildet, entwickelt. In dessen Mitte entwickelt sich schließlich eine relativ
große Samenzelle, der untere Pol wächst zu einem langen Flaschenhals mit einem
dünnen Kanal aus.

Dieses Stadium bildet sich relativ schnell aus und ist dann über längere Zeit stabil. Bei Regen gelangen die männlichen Gameten an den Flaschenhals und dringen
durch den Kanal zur Samenzelle vor. Durch den engen Kanal und die sperrige Form
der Gameten wird verhindert, dass zwei Gameten gleichzeitig die Samenzelle erreichen und es zu einer Mehrfachbefruchtung kommt. Nach der Befruchtung bildet sich

ein Pfropf aus, der den Kanal verschießt, und die befruchtete Samenzelle beginnt,

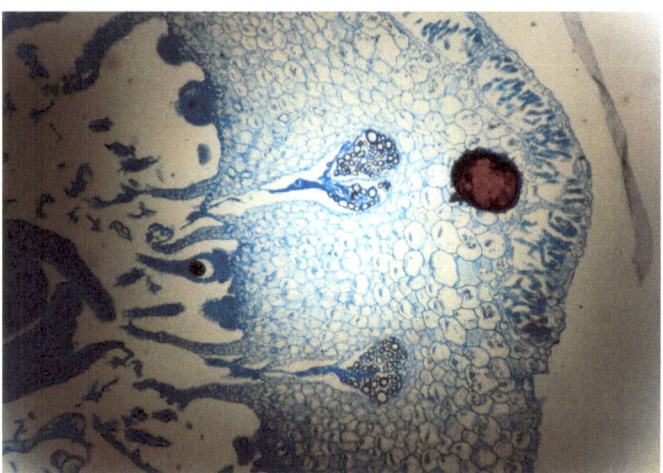

Abbildung 48: Junge weibliche Samenanlagen

sich zu teilen.

Wie bei den männlichen Gameten basiert auch hier alles auf Mitosen, da die Pflanzen ja haploid ist. Erst die befruchtete Zelle ist die diploide Geschlechtsform, die sich nur zu einer Pflanze auf der Pflanze entwickelt und die Sporen bildet.

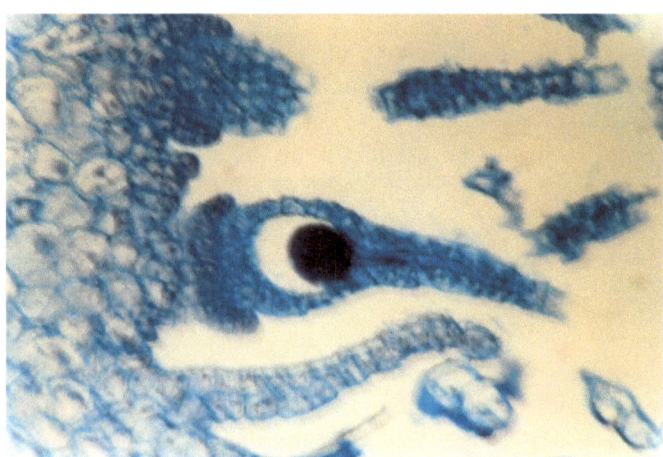

Abbildung 49: Samenzellen in der flaschenförmigen Tasche

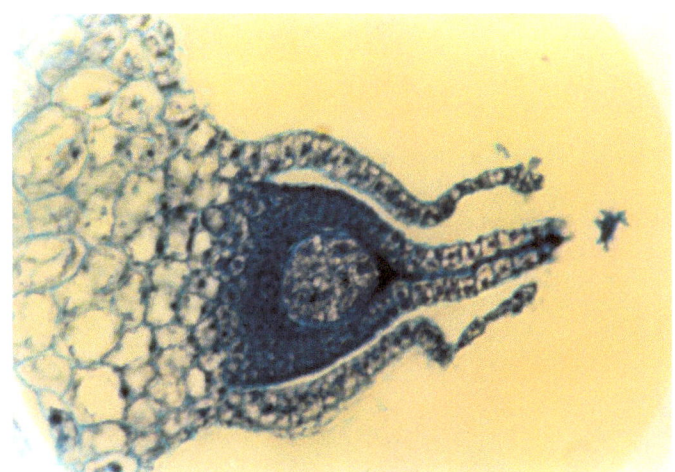

Abbildung 50: Junges Archegonium mit Befruchtungskanal

3.3.2   ENTWICKLUNG DER SPORENKAPSEL

Nach der Befruchtung wächst die Samenzelle in ihrem flaschenförmigen Behälter durch fortgesetzte Zellteilungen und Zellwachstum schnell heran. Die äußere Tasche wird dabei dicker und derber, da sie Schutzfunktionen für den größer werdenden Sporenbehälter zu übernehmen hat. Dieser ist jedoch eine eigene Pflanze, die

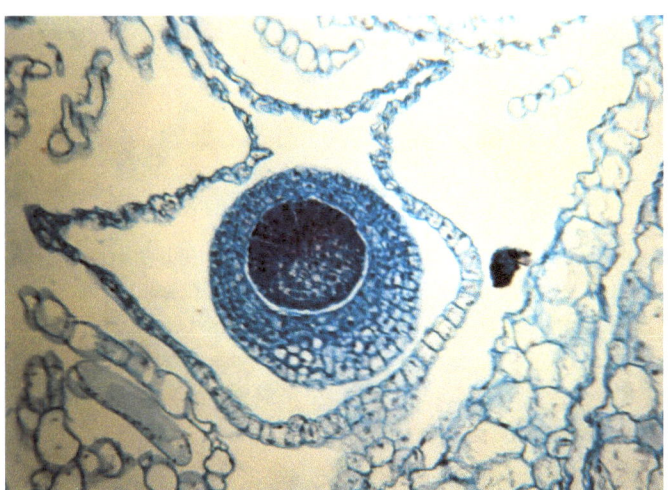

*Abbildung 51: Befruchtete weibliche Samenzelle, erste Teilungsstadi-
en*

sich gewebemäßig deutlich von der Mutterpflanze absetzt (*Abbildung 52, Abbildung 53*). Sie ist aber vollständig von der Mutterpflanze abhängig, wird von dieser ernährt und ist makroskopisch auch nicht als eigene Pflanze zu erkennen.

Die Geschlechtspflanze besteht aus einer mit der Mutterpflanze verbundenen Basis und einem kugelförmigen Behälter, in dem sich lange Zellfäden bilden. Einige werden kugelig und entwickeln sich zu Sporen, andere strecken sich und werden zu Haaren, die später für eine dosierte Freisetzung der Sporen sorgen.

Der Sporenbehälter wächst schließlich aus der Tasche heraus und nimmt eine

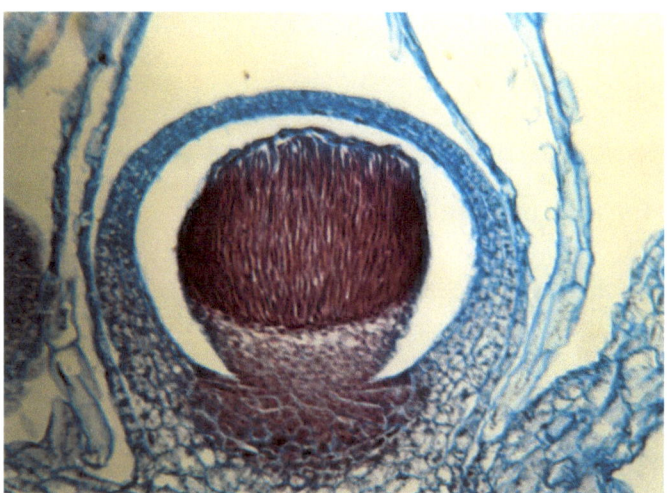

Abbildung 52: frühes Stadium der Sporenbildung

intensiv gelbe Farbe an. Diese wird von den Sporen verursacht. Die Pflanze sieht aus, als ob sie blüht, obwohl der eigentliche Blühvorgang längst abgeschlossen ist und die männlichen Fruchtstände zu diesem Zeitpunkt bereits verschwunden sind (*Abbildung 56*).

Bis diese makroskopische Ausbildung der Sporenbehälter abgeschlossen ist, wird der Verband der rundlichen Zellen locker, die Zellen kugel sich ab und bilden schließlich im Rahmen einer Meiose und ener anschließenden Mitose runde Pollen-tetraden (*Abbildung 54*). Die Zellen werden anschließend dichter, bekommen eine derbe und kantige Oberfläche und trennen sich zu einzelnen Sporen..

Der Grund für die Fasern zeigt sich beim Aufreißen der äußeren Hülle, die nur bei trockenem Wetter erfolgt: die gelben Sporen quellen dann nicht in einem Schub hervor, sondern der Sporenbehälter erhält ein wolliges Aussehen (*Abbildung 57*).

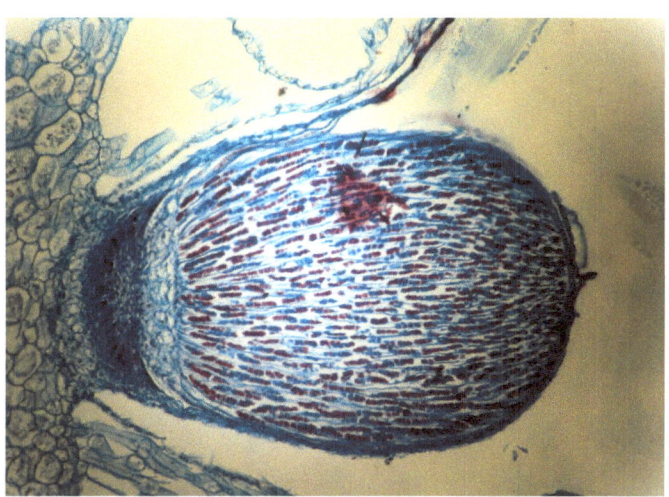

Abbildung 53: Protosporenbildung

Aus diesem Wollgeflecht werden die Sporen nach und nach freigesetzt, was einen besseren Verbreitungserfolg garantiert.

Das Auskeimen und die weitere Entwicklung der Sporen wurde nicht direkt be-obachtet (*vergleiche aber die Beschreibung in der Einführung*). Der gesamte Vor-gang vom Erscheinen der ersten Entwicklungsstadien über die Befruchtung bei

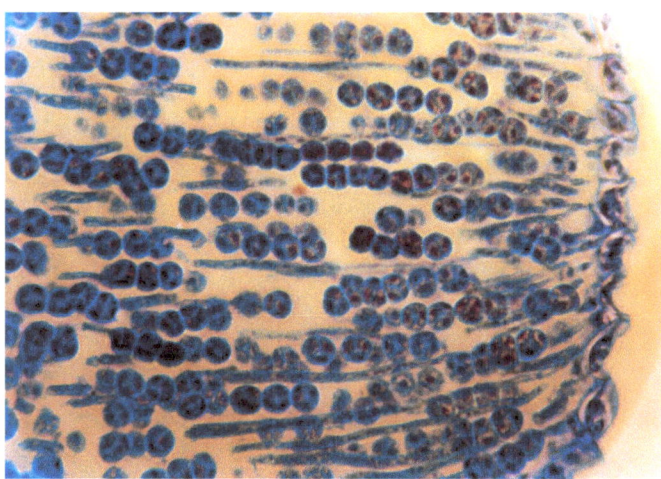

Abbildung 54: Protosporen nach Meiose

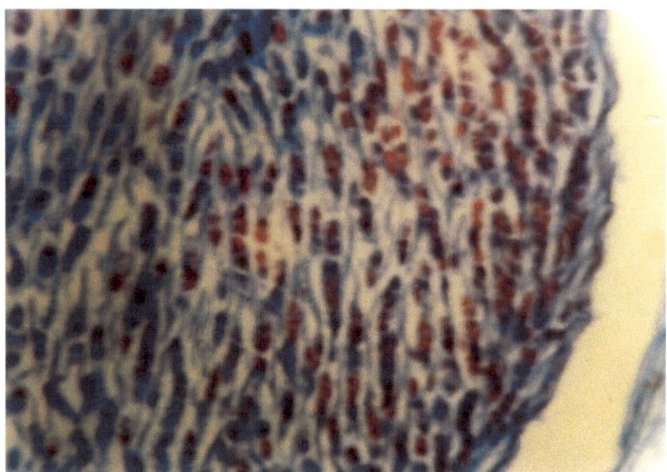

Abbildung 55: Mittleres Sporenbildungsstadium

feuchtem Wetter bis hin zur Ausstreuung der Sporen/Samen bei trockenem Wetter dauert etwa von November/Dezember bis Mai/Juli des nächsten Jahres.

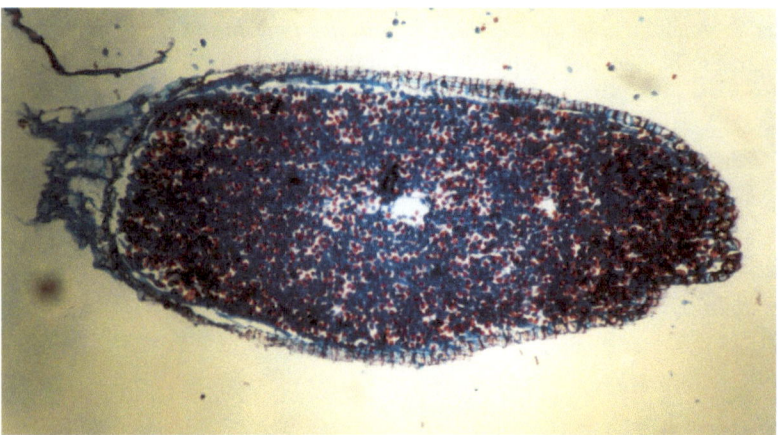

Abbildung 58: Fertiger Sporenbehälter

Abbildung 56: Sporenbehälter

Abbildung 57: Aufgeplatze Sporenbehälter

www.ingramcontent.com/pod-product-compliance
Lightning Source LLC
Chambersburg PA
CBHW050859290526
45792CB00002B/663